QUELQUES MOTS

sur la

SITUATION POLITIQUE

PAR

F. de la COSTE.

NANCY,

IMPRIMERIE DE A. LEPAGE, GRANDE-RUE, 14.

1868

QUELQUES MOTS

SUR LA

SITUATION POLITIQUE

Dans une récente publication, un des hommes les plus éminents du régime parlementaire a recherché les causes de l'inquiétude, qui, depuis tant de mois, ralentit les affaires, accumule à la Banque douze cents millions improductifs et donne sans cesse cours aux bruits de guerre, en dépit des assurances pacifiques renouvelées avec éclat par l'Empereur lui-même et par les divers organes de son Gouvernement.

M. Guizot ne voit de conflit possible qu'entre la France et la Prusse, et de ce côté même les aspirations des peuples et le caractère personnel des Souverains lui paraissent garantir la paix du monde européen.

Sa conclusion est que pour rétablir la confiance, il faut fortifier les paroles par des actes et réduire l'armée au pied de paix, sans toutefois porter atteinte à la mise en défense de nos places ni à la nouvelle organisation militaire, dont il admet la raison d'être.

Ce remède aurait assurément une certaine efficacité. Il serait cependant insuffisant, car l'éventualité d'une guerre n'explique pas à elle seule notre situation.

I.

L'opposition a souvent imputé les événements de
1866 à l'impéritie du Gouvernement et à l'expédition
du Mexique, qui en vidant nos arsenaux et nos cadres,
avait rendu impossible un armement immédiat.

Les journaux officieux, de leur côté, ont essayé d'en
rejeter la responsabilité sur le pays lui-même, sur
son désir de paix, et sur l'accueil fait par le Corps
législatif à un discours de M. Thiers.

Pour tout homme impartial, il est certain que ni le
pays ni la Chambre ne désiraient la guerre, mais
l'attitude conseillée, souhaitée était celle d'une neutra-
lité armée qui eût probablement prévenu le choc
des deux grandes puissances allemandes, qui en eût
à coup sûr atténué les effets. Cette attitude n'a pas
été prise. Les événements se sont accomplis.

Le Gouvernement en a accepté les résultats succes-
sifs, et la majorité du Corps législatif a sanctionné de
son appui cette politique passive.

Toutefois l'ancien équilibre européen était rompu,
et le Gouvernement a jugé nécessaire de mettre la
France au niveau militaire de son voisin agrandi : la

majorité, ayant approuvé la conduite de nos affaires extérieures, avait le devoir strict de voter les mesures qui en étaient la conséquence.

Beaucoup d'hommes du métier assurent que la qualité de nos troupes perdra ce que la quantité aura gagné. On ne peut nier cependant que, la situation étant faite, cet énorme effectif n'ait une force morale qui inspire prudence au dehors et confiance au dedans.

A notre avis, si regrettable que soit la modification violente qui s'est produite dans l'état de l'Allemagne, l'esprit public en France s'en est cependant exagéré les résultats, et nous ne croyons pas que cette transformation entraîne pour nous ni un abaissement qu'il faille réparer ni un danger qu'il faille prévenir par la guerre. Prussiens comme Français ont assez de gloire pour ne point se porter envie, assez de puissance territoriale pour ne point se craindre, assez de vie industrielle pour désirer ardemment la reprise trop tardive des travaux de la paix.

Donc, s'il est malheureusement devenu utile de donner la mesure numérique des forces que pourrait déployer notre pays à un jour donné, cet état éventuel ne saurait être la règle des époques ordinaires, et il y a aujourd'hui urgence à rentrer dans les limites d'un pied de paix franchement déclaré qui rende des bras au travail, les esprits à la confiance, et décharge le Trésor d'un fardeau anormal et excessif. Vienne le jour où une nation, quelle qu'elle soit, menacerait nos frontières ou notre honneur, la France serait à la hauteur de tous les sacrifices.

II.

Malheureusement l'incertitude au sujet du maintien de la paix n'est pas la seule préoccupation qui pèse sur le pays. Bien d'autres s'y joignent, et toutes ensemble ne sont que les effets multiples d'une même cause première.

Cette cause est l'impossibilité de compter sur une marche fixe dans la conduite des affaires extérieures et intérieures, même après une déclaration explicite d'un organe du Gouvernement.

N'avons-nous pas tous entendu les mêmes hommes défendre avec le même talent les phases si différentes de notre politique vis-à-vis de l'Italie et de la Cour de Rome, les débuts de la campagne du Mexique vantée alors comme la plus belle page du règne, puis le retrait de notre armée, enfin les diverses étapes de la question allemande où les faits sont venus si souvent contredire les assurances données la veille ?

En ce qui concerne la politique intérieure, l'Empereur a manifesté à plusieurs reprises et par des actes importants sa connaissance des sentiments du pays. Il a compris qu'un système accepté en 1852 avait perdu, quinze ans après, la raison d'être qu'il avait pu avoir, et qu'il fallait marcher désormais dans la voie libérale. Il serait injuste de nier les progrès dont il a voulu lui-même poser les bases, malgré les conseils qui l'entouraient. La lettre du 19 janvier 1867 fut notamment un pas considérable vers la liberté, sauf en un point, la suppression de l'Adresse, qui n'aurait pu être suppléée que par un droit d'interpellation très-largement réglementé.

Promptement traduites en projets de lois, élaborées par un Corps législatif sympathique au programme nouveau, ces réformes auraient produit d'excellents effets.

Malheureusement l'attente a été longue. Parvenues enfin à la Chambre, les idées de réformes y ont été soutenues par un Ministre dont la voix éloquente, et apparemment convaincue, avait tonné quelques mois auparavant contre les mêmes libertés. Le Ministre de l'Intérieur lui-même, quoique nouveau dans la politique, s'est montré beaucoup moins préoccupé de l'extension des droits des citoyens que de la répression des délits, par habitude sans doute d'ancien Procureur général. Quant à la majorité du Corps législatif, son action ne s'est fait sentir que par l'addition de quelques mesures restrictives et par le rejet d'amendements libéraux. On a pu même s'étonner qu'après avoir si chaleureusement applaudi au discours de M. Granier de Cassagnac, elle ait voté presque unanimement la loi sur la presse.

Telle qu'elle est sortie des délibérations publiques, cette loi présente sans aucun doute l'avantage consi-

dérable d'avoir substitué à l'arbitraire de l'administration un régime légal ; mais nous n'hésitons pas à pen-
ser, avec beaucoup d'esprits libéraux, que sur plusieurs points elle est insuffisante, et que, notamment,
le jugement des délits, au lieu d'être attribué à une
chambre de tribunal, composée d'une manière perma-
nente, aurait dû être remis à un jury spécial.

Quant à la loi sur les réunions, tout le monde
reconnaîtra que si elle constitue des droits, ces droits
sont entourés des plus graves difficultés d'application.

Ce n'est pas tout. Depuis la promulgation de ces
lois, des procès nombreux et des interdictions de
vente sur la voie publique pour la presse, l'élection
du Gard pour les réunions les plus favorisées en prin-
cipe, ont démontré comment le Ministre de l'Intérieur
et le Ministre de la Justice entendent la pratique du
système actuel. Habitués depuis vingt ans à un
pouvoir discrétionnaire, les agents administratifs ont
peine à se plier au régime de la liberté, même res-
treinte, et font à chaque instant usage des armes qui
leur sont restées.

Ces contradictions entretiennent la défiance du
parti libéral, et par conséquent ruinent les effets que
le Gouvernement devait se promettre de ses réformes,
en même temps que la rigueur des mesures judiciaires
ou administratives crée une popularité durable à des
publications dont le succès se fût éteint de lui-même.

Dans la gestion de nos finances, même opposition
entre les intentions déclarées et les faits. En vain
l'Empereur a-t-il limité ses pouvoirs, en vain tous
les Ministres des finances ont-ils annoncé la ferme vo-

lonté d'entrer dans la voie des économies : chaque année a vu grossir le budget dont l'équilibre apparent, dû à des subtilités d'écriture et de sous-divisions, est presque toujours rompu en fait et se transforme, en fin de compte, en des déficits qu'on décore du nom moins fâcheux de découverts. Le grand livre de la dette publique, lourdement grevé par les dépenses des guerres d'Orient et d'Italie, vient de se rouvrir encore en temps de paix pour un emprunt de 429 millions.

Il ne peut en être autrement. Chacun des ministres n'ayant avec ses collègues aucune solidarité, ne supportant aucune responsabilité vis-à-vis du pays, se préoccupe exclusivement des besoins et des intérêts des services qu'il dirige et veut attacher à son nom le souvenir d'une série d'innovations. De là, et en supposant même qu'elles soient toutes heureuses, l'entraînement à ce qu'on a appelé les dépenses utiles. Le Ministre des Finances lutte seul, finit par céder, et les forces du pays succombent sous le double fardeau des dépenses militaires et des travaux de la paix (1).

Enfin, notre système économique ne présente pas plus de sécurité aux graves intérêts qu'il régit. Soumises brusquement aux conséquences des traités de

(1) Ceci était écrit lorsqu'a paru un décret qui assure annuellement aux hommes ayant passé dix ans sous les drapeaux 8,000 emplois civils dont moitié environ crée des droits à la retraite. Ce décret, qui écarte les candidats civils, tend à militariser de plus en plus le pays et à faire de l'armée un corps isolé et privilégié. Il alourdit encore le budget, car les dix ans de services militaires s'ajoutent dans le calcul des pensions aux années de services civils. L'échéance des retraites est ainsi rapprochée, et le nombre des pensionnaires de l'Etat s'accroît d'autant.

commerce, nos industries ont été prises au dépourvu, sans nulle enquête préalable, sans délai suffisant pour essayer même de se préparer à la lutte qui leur était imposée. Beaucoup d'établissements, dans la métallurgie notamment, ont payé cette expérience de leur ruine totale ou partielle.

Un ministre, dans la dernière session, a promis, il est vrai, que le Gouvernement consulterait désormais le Corps législatif avant de modifier les conditions de nos rapports douaniers, mais le mal est fait, et la parole d'un ministre non responsable est-elle une garantie suffisante, lorsque le droit du Gouvernement à agir seul reste écrit dans nos règles constitutionnelles?

Ainsi, à tous les points de vue, l'incertitude se justifie dans les esprits comme dans les affaires.

Le Gouvernement parle et sa parole ne persuade pas. C'est qu'en effet elle n'a pas d'autre garantie qu'elle-même. Aucun ministre ne porte devant le pays le poids de ses actes ni de ses déclarations. Quant à la responsabilité théorique du chef de l'Etat, on comprend trop bien quelle en serait l'application et quels dangers elle entraînerait, pour qu'aucun homme, voulant le bien de son pays, puisse souhaiter de la voir traduite en fait.

III.

Le contrôle du Corps législatif, dans la sphère de
son action, devrait du moins opposer une barrière in-
franchissable aux entraînements ou aux fautes du
Gouvernement. Mais la valeur de ce contrôle est fort
amoindrie, sinon détruite par le système des candi-
datures officielles.

Nous savons qu'à aucune époque de la vie parlementaire, les cabinets ne se sont désintéressés dans
les questions électorales, et nous ne contesterons pas
davantage au Gouvernement de l'Empereur le droit
d'indiquer ses préférences. Mais si l'Administration
met, comme on le voit tous les jours, au service de
son candidat tout le personnel dont elle dispose, si
elle a recours aux intimidations, aux faveurs collec-
tives ou individuelles, si elle protége ou dirige des
attaques personnelles contre le candidat opposé, ses
armes sont déloyales, la lutte devient impossible, et
le suffrage universel est faussé.

Se trouve-t-il une majorité d'électeurs assez résolus
pour résister à cette pression, le succès du candidat
non patronné est un échec pour le Gouvernement et

même pour l'Empereur dont le nom est trop souvent compromis par ses agents dans la bataille électorale.

Du côté du candidat, l'acceptation de l'étiquette officielle engage une question de dignité et met en grave péril l'indépendance du futur député. Sous le régime parlementaire un homme pouvait légitimement déclarer qu'il marcherait d'accord avec un cabinet dont la ligne de conduite était connue. Comment aujourd'hui un candidat peut-il dire qu'il suivra la politique du Gouvernement, lorsqu'il ne sait pas ce que cette politique sera demain ?

Ou cette déclaration ne signifie rien, et l'Administration, dans ce cas, se garderait bien d'en appuyer l'auteur de tout son pouvoir, ou elle promet un vote de confiance en toute occasion. Lorsqu'on a vu la grande majorité des députés élus dans de pareilles conditions approuver systématiquement toutes les mesures, toutes les entreprises proposées ou engagées par le Gouvernement, y compris l'expédition du Mexique depuis ses commencements jusqu'à l'indemnité payée aux obligataires, et parfois même se prononcer successivement en sens contraire sur les mêmes questions, au jour et à l'heure où le Gouvernement avait cru devoir modifier sa propre conduite, il est difficile de croire que la lumière se soit faite avec tant d'ensemble et de précision dans tous les esprits, et de ne pas admettre que l'engagement officiel y soit pour quelque chose. C'est tout au moins ce qu'on a appelé heureusement « l'excès d'une amitié reconnaissante ».

Les élections de 1865 dans la Corrèze, la Charente-

Inférieure, le Haut-Rhin et tant d'autres, ont d'ailleurs fait voir le zèle que l'Administration met à poursuivre l'homme qu'elle avait jusqu'alors la tâche de vanter aux populations, mais qui a osé contredire ou seulement devancer l'opinion du Gouvernement.

Quant aux écuyers, chambellans et autres personnes attachées à des services de cour, ce sont les favoris de la candidature officielle, et leur présence à la Chambre y offre tout au moins le spectacle d'une étrange anomalie, lorsque les fonctionnaires civils de tout ordre et les membres de l'armée active en ont été écartés par un scrupule respectable et malgré le défaut de lumières spéciales que leur absence entraîne souvent.

Dans les conditions que nous venons de rappeler, que devient la mission de la Chambre ? C'est le Gouvernement qui choisit, s'il ne les impose pas, les hommes dont il acceptera le contrôle, et si l'un de ces surveillants agréables vient à déplaire, tous les moyens sont mis en œuvre pour lui donner un successeur plus accommodant.

L'excès de fidélité dans la majorité produit un autre mal politique très-grave : il maintient et fortifie encore l'extrême gauche dans un excès d'hostilité. Nulle transaction ne peut trouver place entre ces partis extrêmes qui se repoussent et s'aigrissent en se rejetant sans cesse les accusations violentes et les souvenirs amers du passé.

Cependant la vérité n'est ni chez l'un ni chez l'autre. La conduite d'un homme de bien et d'un esprit politique ne doit être ni un dévouement sans réserve ni une opposition de parti pris. Aucun de ces sentiments n'est celui de la grande majorité du pays.

Les hommes qui ont servi les anciennes formes de la monarchie disparaissent chaque jour. Des électeurs mêmes qui ont voté l'Empire, M. Rouher constatait récemment que quatre millions étaient déjà descendus dans la tombe.

Ce peut donc être une manœuvre de tribune plus ou moins habile de parler sans cesse des anciens partis prêts à conspirer. Là n'est pas le vrai.

Il n'est pas plus exact de montrer le socialisme grossissant et prêt à envahir la Société. Lorsque le suffrage universel a été laissé à lui-même, il a fait l'Assemblée constituante, l'Assemblée législative où dominait l'élément conservateur : il a fait la Présidence et l'Empire.

Depuis vingt ans l'accession d'une grande partie des classes laborieuses à la propriété foncière ou mobilière, les progrès de l'instruction et des connaissances en matière d'économie sociale et politique, ont multiplié et fortifié les éléments d'ordre.

La génération, actuellement apte à la vie politique, n'a ni haine pour le présent, ni amour pour le passé. Mais elle comprend tout ce que certains principes de Gouvernement ont de précaire et de dangereux, tout ce que d'autres auraient de stable et de rassurant. Elle ne rêve ni désordres, ni bouleversements, ni avénements nouveaux ; elle se borne à demander pour le pays sa part d'action légitime, et revendique la direction des affaires pour un système libéral qui, écarté un moment en face de dangers passés depuis longtemps, assurerait à la nation le contrôle sérieux de ses intérêts et la facile transmission du pouvoir au jour où il devra être transmis.

Des élections libres enverraient donc en grande majorité à la Chambre des hommes sans passions à l'égard des personnes, uniquement attachés aux principes et ne séparant pas le progrès de l'ordre. Bientôt le concours de ces forces honnêtes et légales, écho du pays, obtiendrait les modifications nécessaires que peut subir sans secousse une Constitution déclarée perfectible et qui, en fait, a déjà été plusieurs fois remaniée.

Jusqu'à présent, cette catégorie de candidats a été, plus que toute autre, systématiquement combattue par les ordres du Gouvernement. Ne parlons pas même des hommes connus par leur passé libéral et hommes d'ordre à coup sûr : l'Administration unit contre eux ses efforts à ceux du parti le plus avancé, et leur défaite est célébrée comme une heureuse victoire pour le pouvoir. Mais que des hommes nouveaux, recommandés par leurs aptitudes, leur nom, leur position sociale, osent se présenter aux électeurs dans leur indépendance, guerre ouverte leur est déclarée par ordre du même Ministre, qui, de la tribune, a adressé de chaleureux appels au parti conservateur. C'est l'histoire récente des élections des Vosges, du Tarn et de la Somme.

IV.

Résumons ces considérations qui n'ont pas la prétention d'être neuves, mais qui par cela même reflètent, nous le croyons sincèrement, la pensée de tous les hommes à la fois conservateurs et libéraux.

Assurer au pays la gestion de ses intérêts par les mandataires de son libre choix, la pratique sincère des libertés existantes, les compléments sages, mais trop attendus, qu'elles réclament encore ; rendre à l'industrie et au commerce l'examen du Corps législatif, développer la vie locale et l'initiative individuelle, atténuer par une politique ferme et digne, mais ennemie des aventures, les effets d'une organisation militaire trop lourde, rétablir l'ordre dans les finances, voilà le but auquel il faut tendre.

C'est aux électeurs qu'il appartiendra l'an prochain de faire triompher ces idées en se prononçant nettement contre le système des candidature officielles, et en envoyant à la Chambre des hommes indépendants mais non révolutionnaires, amis de l'ordre, du progrès et des libertés mais des libertés pour tous et non pas des libertés au profit d'un parti ou d'une idée.

Si le Gouvernement a la sagesse de renoncer à des pratiques funestes, leur tâche sera facile. S'il les maintient, leur fermeté saura résister à sa pression. Le réveil de l'opinion publique est un gage de succès. Chacun comprendra que dans les limites de son action il est responsable des destinées du pays, et qu'il faut enfin sortir des incertitudes qui entravent notre activité et qui obscurcissent notre avenir.

F. DE LA COSTE.

Pont-à-Mousson, le 30 octobre 1868.

Nancy. Typographie A. Lepage, Grande-Rue, 14.